AF346416

ESSAI

SUR LES RÉVOLUTIONS

DE LA MUSIQUE,

EN FRANCE.

RÉVOLUTIONS
DE LA MUSIQUE,
EN FRANCE.

LA queſtion élevée depuis quelque tems, ſur le genre de Muſique Théâtrale qu'il s'agit d'adopter en France, ne ſera bien décidée, que lorſque le goût de la Nation, éclairé, formé par l'uſage, aura fait dans cet art, preſque nouveau pour elle encore, ce qu'il a fait en Poëſie, c'eſt-à-dire, lorſqu'elle aura épuiſé les comparaiſons, & à force d'expériences, trouvé le point fixe du beau. Juſques-là, nous n'aurons qu'un ſentiment vague & confus de ce qui manque à notre Muſique, du caractère qui lui convient, & des beautés dont elle eſt ſuſceptible. L'état actuel de notre goût doit donc être le doute, l'inquiétude, l'examen, & une ſage défiance contre les illuſions de l'eſprit de ſyſtême & les ſéductions de la nouveauté. Rappellons-nous avec quelle

A

lenteur, & après combien de méprises, l'idée faine & jufte du beau, dans tous les arts , s'eft établie parmi nous ; & que cette leçon nous ferve à favoir ignorer ce que nous n'avons point appris.

S'il eut fallu en croire autrefois *Jodele*, *Théophile* & leurs Admirateurs, nous avions dès-lors les modèles de l'excellente Tragédie ; s'il eut fallu en croire *Desmarets* & fes partifans , les *Vifionnaires* étoient auffi la Comédie par excellence. Combien l'on dût être confus d'avoir tant applaudi *Théophile* & *Desmarets* , quand on vit paroître *Corneille* & *Moliere* ! Combien les enthoufiaftes de *Jodele* auroient rougi , s'ils avoient entendu *Racine* !

Ainfi le goût fe rectifie à mefure que l'art l'éclaire, en lui préfentant d'âge en âge , pour objets de comparaifon, des modeles plus accomplis. Rien ne décèle mieux l'enfance de l'efprit humain , que la vanité qui fait croire à un fiècle qu'il touche aux bornes des poffibles , & qu'au-delà de ce qu'il fait il n'y a plus rien à favoir.

Dans les Arts , comme dans les Sciences , & à l'égard du beau, comme à l'égard du vrai, il faut donc laiffer faire au tems. Mais on eft preffé de jouir, comme on eft preffé de connoître : delà les jugements anticipés du goût , ainſi que de la raiſon. Il eut été cruel d'aller dire aux admirateurs de *Jodele* & de *Théophile : attendez, pour avoir le plaiſir d'être émus, que l'art d'émouvoir ſe perfectionne.* Ils auroient répondu : *Ce qui nons paroit beau eſt réellement beau pour nous. Laiſſez-nous, en attendant mieux, jouir de ce que nous avons : vous nous rendriez moins heureux en nous rendant plus difficiles.*

Ainſi, lorſque les François n'avoient pas d'au-tre Muſique que la déclamation élégante mais monotône de *Lully*, & les airs ſimples & faciles qu'il avoit mêlés dans la ſcene, ils aimoient leur Muſique, & ils devoient l'aimer : l'art & le goût étoient au même point.

Rameau vint leur apprendre que l'on pouvoit tirer de plus grands effets de l'harmonie. Sa Muſique leur parut ſauvage, parce qu'elle étoit plus ſavante que celle de *Lully*, moins facile, & moins analogue au caractère de la langue ; ils s'y accoutumerent pourtant ; & comme elle avoit plus de force, plus de richeſſe, moins de monotonie, ils en devinrent paſſionnés. *Rameau* avoit pris la maniere de déclamer de *Lully*, mais alterée & ralentie, à un excès inſoutenable, par les vains ornemens dont on l'avoit chargée. Il eut le tort de ne pas lui rendre ſa premiere ſimplicité. Mais il la ſoutint d'une harmonie plus énergique ; il donna l'idée, dans les mo-

nologues de *Dardanus* & de *Castor*, d'un récitatif pathétique ; il approcha plus que *Lully*,
des accents de la Tragédie ; il composa des
Chœurs sublimes ; il déploya toute la fécondité
d'un génie créateur dans ses airs de danse ; &
par l'inépuisable variété des caractères qui les
distinguent, par l'heureux choix des traits qui
les composent, des mouvements qui les ani-
ment, par le mélange & le dialogue des instru-
ments qu'il y employe, il s'est fait dans ce genre
une réputation qu'on aura peine à effacer.

Comme il étoit sur son déclin, & que la scène
lyrique se ressentoit de la défaillance de son génie, quelques Bouffons, échappés d'Italie, vin-
rent faire entendre aux François une Musique
animée & piquante, pleine d'esprit & de gaité,
où toutes les finesses de l'expression étoient sen-
ties, où l'art, se jouant de ses difficultés, con-
cilioit la force avec la grace, la précision des
mouvemens avec l'élégance des formes, & le
charme de la mélodie avec la magie des accords.

Dès ce moment, les François s'apperçurent
qu'il manquoit quelque chose à leur Musique
vocale. Celle de *Pergolese* leur avoit fait sentir
les effets du nombre & de la mesure, les gradations du clair obscur, l'intelligence des des-
seins, l'ensemble & l'unité de l'accompagnement
avec la mélodie, le grand secret de la periode

muſicale dans la conſtruction des airs. La Muſique vocale Françoiſe commença dès-lors à nous
paroitre inanimée, ſans caractère & ſans couleur.

Mais on tenoit à l'habitude, ou plutôt à l'o-
pinion : car on étoit perſuadé que notre langue
n'étoit ſuſceptible ni du nombre, ni des inflexions
de la Muſique Italienne. On ſe prit d'une haine
très-férieuſe contre les novateurs ; & ce n'étoit
pas ſans quelque raiſon. L'art de jouir, en toutes choſes, conſiſte à faire aller enſemble les
deſirs avec les moyens : malheur au ſiècle dont
les lumieres devancent de trop loin les facultés
& les talents : il n'en réſulte que du malaiſe, &
que le ſentiment pénible de l'indigence & du
beſoin.

Perſuadé, comme on l'étoit, que les beautés
de la Muſique Italienne étoient inacceſſibles pour
la langue Françoiſe, on devoit donc être affligé
du dégoût qu'elle nous cauſoit pour la ſeule Muſique qui nous fut donnée : auſſi vit-on le parti
de *Lully* & celui de *Rameau*, juſques-là ennemis, ceſſer leur guerre domeſtique, & réunir
leurs forces pour la défenſe de leurs foyers. Rien
de plus plaiſant que cette confédération des deux
Muſiques Françoiſes, incompatibles depuis vingt
ans, & tout à coup reconciliées pour s'oppo-
ſer à l'invaſion d'une Muſique étrangere ; mais
il eſt très-vrai que depuis cette époque on n'a

plus diftingué les deux Mufiques Françoifes , &
qu'elles ont combattu enfemble jufqu'à l'extré-
mité pour le falut commun.

Cependant fur un autre Théâtre on faifoit des
effais heureux pour amener la révolution. Un
Muficien foible , mais correct & pur dans fon
ftyle , *Duni* , tout Italien qu'il étoit , avoit fait
voir que , fans altérer la profodie de notre langue , on pouvoit la réduire à la précifion de la
mefure & du mouvement. MM. *Phillidor* &
Monfini , l'un par une harmonie favante & des
modulations hardies , l'autre par les graces d'un
chant facile & naturel , avoient encor étendu le
cercle ou *Duni* s'étoit renfermé. M. *Gretry* , avec une imagination vive & fage , un goût
exquis , une délicateffe , une jufteffe de perce-
ption qui participe également de la fagacité de
l'efprit & de la fenfibilité de l'ame , démontroit
aux plus incrédules que notre langue étoit fufce-
ptible de tous les caractères , de toutes les nuan-
ces de l'expreffion muficale ; qu'elle pouvoit
fe prêter aifément à toutes les inflexions de la
mélodie , à toutes les variétés du nombre , &
non-feulement aux fineffes d'un comique noble ,
mais aux traits les plus énergiques d'un fentiment
paffionné.

Le préjugé , qui jufques-là s'étoit battu en re-
traite , cédant l'Opéra Comique à la Mufique

Italienne , & fe bornant à lui interdire l'accès du Théâtre héroique ; fe vit alors forcé dans fes retranchements. Les partifans de la vieille Mufique ne favoient plus que répondre à ceux qui , pour exemple d'un pathétique noble , leur citoient le premier air & le Duo de *Sylvain* , l'air de Tom-jones (*Amour quel eft donc ta puiffance*). le Trio du Tableau Magique , dans *Zémire & Azor* , & une foule d'airs du plus beau caractère. On convenoit qu'il feroit agréable de voir animer , varier , embelir la fcène lyrique par des morceaux de ce nouveau genre ; on y avoit même déja fait quelques effais pour l'introduire ; & le fuccès d'*Ernelinde* annonçoit un public favorable à ce changement.

Ce fut alors qu'on vit arriver un Muficien célébre en Allemagne , qui fecondé d'un Poète verfé dans l'étude de nos Théâtres , avoit donné , difoit-on , à l'Opéra Italien , la forme de l'Opéra Erançois , pris fes fujets dans la Mithologie , fait ufage du merveilleux , & ajoûté à l'intérêt la pompe du Spectacle & l'agrément des fêtes.

Ce nouveau genre avoit eu les plus brillants fuccès à Vienne ; on difoit même qu'il avoit réuffi en Italie & en Angleterre ; & en effet , quoique l'Opéra *d'Orphée* de M. *Gluck* eut paru trop dénué de chant , & que fur les Théâtres

de Naples, de Florence & de Londres, il eût
fallut y ajoûter des airs qui n'étoient pas de lui;
quoique le Duo du troisieme Acte, que nous
avons tant applaudi, n'eût pas été goûté ailleurs,
& qu'il eût fallut le changer; il n'en est pas moins
vrai que la forme de ce Spectacle, plus animé,
plus décoré que l'Opéra Italien, avoit plu, même à l'Italie. *L'Alceste* n'avoit pas eu les mêmes
honneurs, peut-être à cause de sa tristesse con-
tinuelle & monotône; mais elle passoit en Allemagne pour le chef d'œuvre du pathétique.

Le nouveau sujet que M. *Gluck* avoit pris,
lui étoit encore plus favorable. En habile homme, il avoit choisi pour son début, sur le Thâ-
tre lyrique François, *l'Iphigénie* de *Racine*, la
Tragédie la plus intéressante par son sujet, la
plus magnifique par son Spectacle, la plus riche
en situations, & surtout en grands caractères,
qu'on ait vue, depuis *Euripide*, sur aucun Théâtre du monde. Ce sujet, quoique dépouillé de
l'éloquence de *Racine*, de l'harmonie de ses vers,
du coloris de ses peintures, de la richesse de ses
détails, conservoit encore assez de ses beautés
indestructibles, pour faire le plus magnifique
Opéra. La pompe & les licences du Théâtre lyrique pouvoient suppléer aux développemens
des sentimens & des pensées, par des tableaux
qui parleroient aux yeux; & l'action resserrée

en trois Actes , n'étoit plus qu'un enchaînement de situations intéressantes , dont la Pantomime seule auroit suffi pour émouvoir.

Que la Musique d'un tel Opéra eût seulement du caractère , comme il est aisé d'en donner à l'expression exagerée ; c'étoit assez pour la multitude : on étoit sûr que dans des situations fortes , un peuple qui n'étoit point accoutumé aux charmes de la mélodie , ne seroit pas sévere sur l'article du chant.

L'Iphigénie de M. *Gluck* , son *Orphée* , son *Alceste* même devoient donc réussir sur un Théâtre où l'on ne connoissoit pas mieux. On a vu que dans son Opera de *Cythere assiégée* , on la force de l'action ne l'a pas soutenu , il est tombé. Son *Armide* , qui *doit faire éprouver* , comme il l'écrit lui-même, *une voluptueuse sensation* , nous apprendra s'il a , quand il lui plait , le coloris des graces , le pinceau de la volupté. Mais qu'il s'attache a des sujets qui ne demandent que l'énergie de l'expression ; son style , malgré la rudesse que les Italiens lui reprochent , suffira pour nous émouvoir : parce qu'alors ce n'est point l'élégance , mais la force que l'on exige ; & nous en avons des exemples dans un grand nombre de Tragédies , où des vers durs ne laissent pas de faire une impression vive , dans les moments où l'ame s'abandonne à l'intérêt de l'action.

Que M. *Gluck* faſſe de *Médée* ce qu'il a fait d'*Iphigénie*, il aura le même avantage; il ſera mieux ſoutenu encore par le génie des Poètes dans *l'Andromaque* & la *Sémiramis* ; enfin , partout où des paſſions violentes, la douleur , l'effroi , le remord , la jalouſie , la vengeance , la nature & le ſang , dans les déchiremens de l'ame d'un pere ou d'une mere , n'exigeront que des cris , des ſanglots , des plaintes , des frémiſſemens , ſes accents les exprimeront ; l'énergie de ſon Orcheſtre rendra plus pénétrant encore le pathétique de la voix ; & ſa Muſique ne fut elle que notre vieille Muſique Françoiſe , renforcée des accompagnements du chant d'Egliſe Italien , par cela ſeul qu'en s'attachant à une action forte & rapide , elle en contracteroit la véhémence & la chaleur , on la trouveroit Dramatique. C'eſt à quoi ſont dus les ſuccès de ce compoſiteur , ſur un Théâtre languiſſant , d'où l'ennui chaſſoit tout le monde. Il n'a donc pas eu bien de la peine à *réformer le goût & les idées d'une Nation vaine & polie* , comme diſent ſes partiſans. Cette Nation ne demandoit qu'une Muſique moins monotône & moins traînante que celle de ſon Opéra; elle n'avoit pas droit d'être difficile; elle ne l'a pas été. Mais il y avoit , parmi la foule , des connoiſſeurs plus délicats , & dont l'oreille accoutumée à la Muſique Italienne , n'a pas goûté celle de M. *Gluck* : ce font les admirateurs de *Pergolefe*, de *Buranello*, de *Jomelli*, que les amis de *Gluck* appellent *les ennemis des talens*. Ne nous arrêtons pas aux mots, & cherchons le vrai dans les chofes.

Avec un Orcheftre bruyante ou gémiffante, avec des fons de voix déchirants ou terribles, croirons nous poffeder la Mufique Théatrale par excellence ? L'Opéra fera-t-il privé des charmes de la mélodie ? Et ce chant, qui fait les délices de l'Europe, fera-t-il indigne de nous ? C'eft-là ce qu'il s'agit de décider ; & il fembleroit affez raifonnable de s'en rapporter à l'expérience. Mais c'eft ce que ne veulent pas les partifans de M. *Gluck*. On diroit qu'ils ont peur que nous n'ayons trop de plaifirs, ou que d'autres Muficiens que M. *Gluck*, ne réuffiffent à nous plaire. Ils ont oui dire qu'un des plus fameux compofiteurs d'Italie, travaille à mettre en Mufique les chefs-d'œuvre de *Quinault* ; ils foupçonnent, avec frayeur, que fi M. *Piccini* a du fuccès, bientôt fes condifciples & fes émules, MM. *Sacchini* & *Traietta* vont arriver, & jaloux des fuffrages d'une nation éclairée & fenfible, entrer dans la même carrière. Dès-lors, fi, par malheur, ce chant mélodieux, qui nous ravit dans nos concerts, eft goûté fur notre Théâtre, fi nos oreilles s'accoutument à une modulation facile & naturelle,

à une harmonie auſſi claire dans ſa force que
dans ſa douceur, à ces accents qui ne ſont pas
les cris de la douleur phiſique, mais la voix de
l'ame elle-même, à ces deſſeins élégants & purs
de la période Muſicale, dont les Italiens poſſé-
dent le ſecret, il ſemble que tout ſoit perdu.

On ſe hâte de nous prémunir contre cette
ſéduction ; dans les journaux, dans les gazettes,
dans la feuille du ſoir, on ne ceſſe de déclamer
contre la Muſique Italienne, de commenter celle
de M. *Gluck* avec la même profondeur qu'on a
commenté l'*Apocalypſe*, & d'annoncer que cette
Muſique, renouvellée des Grecs, eſt la ſeule
expreſſive, la ſeule *Dramatique*. On voudroit s'il
étoit poſſible, nous perſuader de n'en jamais
entendre d'autre, & nous engager à ſuivre l'exemple d'*Uliſſe*, pour nous préſerver du chant des
Sirenes. Ce ſeroit-là ſans doute un moyen ſûr
de conſerver à M. *Gluck* l'empire qu'on veut
qu'il exerce ; mais les intérêts de ſa gloire ne
ſont peut-être pas les intérêts de nos plaiſirs :
il n'eſt peut-être pas vrai que ce ſoit le ſeul Muſicien de l'Europe qui ſache exprimer les paſſions ;
il n'eſt peut-être pas vrai, comme on voudroit
nous le faire entendre, que la dureté, l'âpreté
ſoit eſſentielle au ſtyle de la bonne Muſique ; il
n'eſt peut-être pas vrai que le chant rompu,
mutilé, ſoit le plus beau, le plus touchant, &

que l'unité , la rondeur , la continuité l'affoiblisse. On nous l'assure ; mais les raisons que l'on en donne ne font pas claires, & peuvent n'être pas folides.

Par exemple, on nous dit que pour le Théâtre , il faut une Musique qui ne foit pas du chant , c'est-à-dire, qui se refuse à toute espece de deffein & de forme périodique ; qu'elle en est bien plus naturelle & plus passionnée , lorsqu'elle est compofée de mouvements rompus , de motifs avortés , de nombres épars & fans suite.

Cela peut être ; mais si nous entendions un faifeur de Drames en profe , traiter avec mépris le vers harmonieux de *Virgile* , de *Racine* , de M. de *Voltaire* , & nous dire : *etoit-ce en beaux vers que devoient parler Didon , Hermione , Orofmane ? Si je voulois , j'aurois auffi cette élégance continue, ce flyle nombreux & facile , ce langage mélodieux ; mais tout cet Art ne fait qu'altérer & affaiblir la Nature. Ecoutez ma profe : elle est inculte , négligée , pleine d'âpreté , de rudeffe ; mais elle n'en est que plus vraie , plus reffemblante au naturel* ; cet homme-là n'auroit-il pas autant de raifon que les *profateurs* en Mufique ? Et faudroit-il , fur fa parole , regarder *Virgile* , *Racine* & *Voltaire* comme les corrupteurs du goût ?

L'objet des Arts qui émeuvent l'ame, n'est

pas feulement l'émotion, mais le plaifir qui l'accompagne. Ce n'eft donc pas affez que l'émotion foit forte, il faut encore qu'elle foit agréable. Ce principe eft reçu en poèfie, en peinture, en Sculpture : on fait que la régle conftante des anciens étoit de ne jamais permettre à la douleur d'altérer les traits de la beauté. Le *Gladiateur* mourant, la *Niobé*, le *Laocoon* en font l'exemple. Ce n'eft pas qu'une expreffion convulfive dans les traits du vifage n'eut été bien plus effrayante ; mais la peine qu'elle auroit faite n'eut pas été mêlée de plaifir. Les Grecs prenoient le même foin de donner dans la Tragédie aux paffions les plus violentes, foit dans l'action, foit dans le langage, tout le charme de l'expreffion : la force même avoit fon élégance. *Virgile*, *Racine* & *Voltaire* ont fuivi l'exemple des Grecs.

Pourquoi donc ne feroit-on pas en Mufique ce qu'on a fait en Poèfie ? Avec des cris, des heurlemens, des fons déchirans ou terribles, on exprime des paffions ; mais ces accens, s'ils ne font pas embélis dans l'imitation, n'y feront, comme dans la nature, que l'impreffion de la fouffrance. Si l'on ne vouloit qu'être ému, on iroit entendre, parmi le peuple, une mere qui perd fon fils, des enfans qui perdent leur mere : c'eft-là fans doute que l'expreffion de la douleur eſt ſans art, c'eſt-là auſſi qu'elle eſt très-énergique. Mais quel plaiſir nous cauſeroient ces émotions déchirantes ? Il faut que la pointe de la douleur, dont on eſt atteint au ſpectacle, laiſſe du baume dans la plaie. Ce baume eſt le plaiſir de l'eſprit, ou celui des ſens ; & la cauſe de ce plaiſir eſt, en poëſie, la ſublimité des penſées, des ſentimens & des images, la noble élégance de l'expreſſion, le charme des beaux vers. En Muſique la même volupté doit ſe mêler aux impreſſions douloureuſes ; & la cauſe en eſt dans l'Art du Muſicien, comme dans celui du Poëte ; dans cet art de donner à l'expreſſion muſicale un charme que n'ont point dans le nature les cris, les plaintes, les accents funeſtes ou douloureux des paſſions. C'eſt donc une idée auſſi étrange de vouloir bannir du Théâtre Lyrique le chant mélodieux, que de vouloir interdire les beaux vers à la Tragédie. Mais une idée encore plus bizarre, c'eſt d'entremêler la declamation de fragments d'un chant mutilé. Pourquoi ne pas finir un chant que l'on commence ? Ou pourquoi commencer un chant qu'on ne veut pas finir ? Qu'eſt-ce qu'une déclamation intermittente, qui ſemble prendre un élans rapide, & qui tout-à-coup retombe, & ſe traîne avec peſanteur ? Il n'y a qu'une ſeule excuſe pour l'imitateur qui s'éloigne de la nature : c'eſt de nous procurer les plaiſirs de l'art.

En deux mots, la mélodie fans expreſſion eſt peu de choſe; l'expreſſion fans mélodie eſt quelque choſe, mais n'eſt pas aſſez. L'expreſſion & la mélodie, l'une & l'autre au plus haut degré, où elles puiſſent s'élever enſemble : voila le problême de l'art. Il reſte à voir qui nous donnera la ſolution de ce problême.

Les Italiens l'ont cherchée : ils ont commencé comme nous. Leur Muſique du tems de *Lully* étoit la même que la ſienne. Ils travaillerent à lui donner plus de force & d'expreſſion. Mais le vrai moment de ſa gloire fut celui où *Vinci* traça le premier le cercle du chant périodique, de ce chant qui, dans un deſſein pur, élégant & ſuivi, préſente à l'oreille, comme la période à l'eſprit, le dévelopement d'une penſée complétement rendue. Ce fut alors que le grand myſtere de la mélodie fut révélé.

Les Grecs, après avoir inventé la période oratoire, ſentirent, qu'au-delà de cette belle forme il n'y avoit plus rien à deſirer : leur émulation ſe borna à la rendre, de plus en plus, élégante & harmonieuſe. Les Italiens, après avoir trouvé la période muſicale, s'y attacherent de même, comme à la forme la plus parfaite qu'on put jamais donner au chant; & non ſeulement dans les airs, mais dans les duos, les trios, les morçeaux de grande harmonie, tout ce qu'il y à eu de Muficiens célébres en Europe, *Leo*, *Pergolefe*, *Porpora*, *Buranello*, *Jomelli*, *Majo*, *Haffé*, *Pérès*, *Traietta*, *Sacchini*, *Piccini*, *Gretry*, *Anfoffi*, &c. Tous, à l'exception de *Gluck*, ont regardé le chant périodique comme le chef-d'œuvre de la mélodie, & comme fon plus haut degré d'élégance, de correction & de beauté.

La queftion fe réduit donc aujourd'hui à favoir s'il faut renvoyer cette forme de chant à la Mufique de concert, & l'exclure de la Scene Lyrique, comme les partifans de M. *Gluck* nous le confeillent, ou fi, à l'exemple des Italiens, nous devons l'admettre fur le Théâtre.

Qui la décidera cette queftion ? L'expérience. Tout le refte peut nous tromper. Les autorités font fufpectes, les exemples font équivoques, la raifon même a fouvent deux faces, & chacun croit l'avoir de fon côté. Défions-nous de tout cela, & commençons par ne compter pour rien le fuffrage de l'Italie & de l'Europe entiere, en faveur de cette Mufique, qui, depuis cinquante ans, les enivre & les tranfporte de plaifir. L'Italie & l'Europe entiere peuvent avoir été féduites, & tenir à leur préjugé. Mais, avec la même bonne foi, convenons que l'autorité de M. *Gluck* & de fes partifans n'eft pas plus décifive.

M. *Gluck* n'a pas eu l'avantage d'être élevé en Italie, le seul païs du monde où, dès l'enfance, l'oreille & l'imagination fe frapent des beaux accens de la mélodie, où l'on contracte infenfiblement l'habitude de ce langage raviffant, où le génie s'enrichit par l'étude des bons modeles, & accumule infenfiblement ce tréfor d'idées muficales, qui germent & fe reproduifent avec une variété inépuifable de nouvelles combinaifons. M. *Gluck* arriva en Italie, comme Théophrafte à Athênes, avec l'accent de fon païs natal. Il étoit profond dans fon art ; il avoit tout les talens d'un grand Compofiteur, excepté l'élégance & la grace du ftyle ; il fit trois Opéras Italiens *, où l'on ne defira que du chant & des modula-

---

(*) *La Clémence de Titus*, pour le Théâtre de Naples ; *l'Antigone*, pour celui de Rome ; *le triomphe de Camille*, pour celui de Bologne. On a écrit que M. *Gluck* avoit eu d'éclatants fuccès à Venife & à Florence ; & les Italiens prétendent qu'il n'a donné aucun Opéra ni à Florence ni à Venife. On a écrit *qu'ayant donné le Demophonte à Milan, il y a plus de quinze ans, on y parle encore avec admiration de cet Ouvrage* ; & après avoir pris à Milan les informations les plus exactes, on affure que M. Gluck n'a compofé aucun Opera pour Milan, & qu'on n'y a repréfenté de lui que *l'Orphée.*

tions moins dures ; à force de travail il trouva même quelquefois des deſſeins heureux : on con-
ſerve de lui, en Italie, un ou deux airs, que
l'on chante encore quelquefois. Mais ces rencon-
tres étoient rares : les oreilles italiennes trouvoient
ſon harmonie trop péniblement travaillée ; & à
l'égard de la mélodie, il ſe voyoit au milieu d'une
foule d'hommes qui produiſoient en ſe jouant,
ce qui lui coutoit inutilement tant de ſueurs &
tant de veilles. *Il perdit trente ans de ſa vie*, comme le dit ſon apologiſte, à tâcher envain d'imiter
les Pergoleſe & les Jomelli.

A la fin, rebuté d'un travail ingrat, il réſolut
de ſe jetter dans un genre moins difficile, & dans
lequel, avec une harmonie ſavante & une déclamation forcée, il put ſe diſpenſer du chant. Il
fit très-bien ; mais ſa méthode, la meilleure pour
lui ſans doute, peut n'être pas la meilleure pour
nous. Ses nouveaux Opéras peuvent avoir, avec
moins d'art, plus d'intérêt que ceux de Métaſta-
ſe ; ceux même de Quinault, où regne un ſentiment plus doux, plus gradué dans ſes nuan-
ces, & où les paſſions violentes n'éclatent que par
intervale, n'ont pas ces mouvemens preſſés, tu-
multueux, rapides des Opéras de M. *Gluck*, réduits
preſque à la Pantomime ; & en cela il a été ſervi à ſa
maniere. Mais il reſte encore à ſavoir ſi la Muſi-

que n'eſt faite que pour accompagner la Pantomime
de l'action , ou ſi l'action n'eſt pas deſtinée à dé-
veloper les tréſors & les charmes de la Muſique.
Il faut ſans doute que la Poéſie & la Muſique
ſoient émules , mais ſans ſe nuire l'une à l'autre ;
& dans l'effet général du Spectacle qui les raſ-
ſemble, ni le plaiſir de l'ame , ni celui de l'oreille
ne doit être ſacrifié. Tel eſt le pacte de l'alliance
de la Poëſie avec la Muſique ; & entre les arts
comme entre les hommes , la plus heureuſe ſo-
ciété eſt celle où chacun perd le moins qu'il eſt
poſſible de ſes avantages & de ſa liberté. L'objet
de M. *Gluck* a été , dit-on , l'enſemble & l'u-
nité de l'effet Thêâtral , & c'eſt-là ce qui le diftingue. Mais l'enſemble eſt donné par la forme
même de l'Opéra François ; *Quinault* l'avoit con-
çue & il l'a conſervée , cette *unité* , dans
Atys , dans *Armide* , dans *Proſerpine* , dans *Roland* ; le Muſicien n'a qu'a ſe conformer à l'or-
donnance du Poème ; & *Lully* & *Rameau* lui-
même l'ont obſervée dans *Atys* , dans *Armide* ,
dans *Dardanus* & dans *Caſtor*.
L'analogie de l'expreſſion avec le ſentiment ou l'i-
mage, l'accord de l'harmonie avec la mélodie , &
de l'une & l'autre avec la parole , la gradation &
l'enchaînement du récitatif ſimple , du récitatif
obligé , des airs , des duos & des chœurs , diſtri-

bués avec intelligence, enfin la liaison de toutes les parties du Spectacle avec l'action : voilà ce qui produit l'ensemble & l'*unité* dont on parle tant. Mais qu'à d'incompatible avec cette *unité*, l'heureux choix des motifs, la beauté des des-seins, la régularité du chant ?

M. *Gluck* peut-être de bonne foi en dédai-gnant cette partie de la Musique Italienne, & en inspirant ce mépris à tous ses Zélateurs ; mais il a tant d'intérêt de croire & de persuader aux autres la prééminence de son talent & la supé-riorité de son genre (*), que s'il ne se défioit pas de son opinion dans sa propre cause, on seroit obligé de s'en défier pour lui. A l'égard de ses partisans, leur goût peut n'être pas plus

(*) On lui écrit que *rien ne vaudra jamais son Al-ceste ; & il répond, Alceste est une Tragédie complette, & je vous avoue qu'il manque très-peu de chose à sa perfection.* On lui écrit qu'Orphée *perd par la comparaison avec Al-ceste ; & il répond : Eh ! bon dieu, comment peut on com-parer deux Ouvrages qui n'ont rien de comparable ?.. les divers Poèmes doivent naturellement produire des différentes Musiques, lesquelles peuvent être, pour l'expression des pa-roles, tout ce qu'on peut trouver de plus sublime, chacune dans son genre.* Il parle à peu près de même de son *Armide ; & il ajoûte, il faut finir ; autrement vous croiriez que je suis devenu fou, ou Charlatan.*

infaillible que le nôtre ; ils ont peut-être encore befoin d'étudier l'Art dont ils méprifent les modeles ; & s'il s'agit du fentiment , d'après lequel nous jugeons tous , que chacun ait le fien pour foi, rien n'eft plus jufte ; mais que l'inftinct de ces Meffieurs ne foit pas le tyran du nôtre.

Quant aux exemples , il faut avouer que fi la Mufique Italienne a pour elle mille fuccès & le fuffrage de l'Europe entiere , celle de M. Gluck a de fon côté les applaudiffemens de Vienne & de Paris. Mais faut-il pour cela condamner à l'obfcurité la Mufique qui n'a charmé que l'Italie & l'Europe , & réferver la gloire du Théâtre pour la Mufique qui vient de plaire à l'Allemagne & à la France ? C'eft ainfi que les partifans de M. Gluck l'ont décidé ; mais n'eft ce pas abufer un peu d'un moment de triomphe ? J'en appelle à eux-mêmes; & je fuppofe qu'avant M. Gluck l'un des célebres Muficiens d'Italie fut venu avec une *Armide* , un *Roland* , un *Atys* , nous faire entendre , à la place du récitatif fimple & monotône de *Lully* , une Mufique variée , expreffive & mélodieufe , & qu'il eût réuffi , comme cela étoit poffible ; qu'auroit dit M. *Gluck* , fi en arrivant il avoit trouvé , dans les coridors de l'Opera , une troupe de fanatiques de la Mufique Italienne , qui auroient crié aux paffans : *n'écoutez*

pas cet *Allemand*, *qui vient encore*, *par son fra-*
cas, *vous endurcir les oreilles*, & *dont la Mu-*
sique, *si c'en est une*, *ressemble à une liqueur*
âpre qui brûle le palais & qui blase le goût ? Le
compositeur Allemand, justement indigné sans
doute de ces indécentes clameurs, auroit de-
mandé à être entendu ; qu'il se mette donc à la
place de ceux qui viennent après lui, & qu'il
souffre qu'on les entende (*).

Ses admirateurs traitent avec un froid mépris
ceux qui par sentiment trouvent dans sa Musique
peu de chant, peu de naturel, peu d'élégance
& de noblesse. *De quoi s'avisent ces critiques ?*
disent les dictateurs de l'art : *ils ne sont pas Mu-*
siciens. Quel avantage que de savoir la gamme !
& quelle supériorité cela donne sur ceux qui ne
la savent pas !

(*) M. *Gluck* qui prévoit de loin le succès de M.
Piccini, nous explique d'avance, comment cela doit
arriver. *On donnera à dîner & à souper aux trois quarts*
de Paris pour lui faire des proselites, & *Marmontel*, *qui*
fait si bien faire des contes, *contera à tout le Royau-*
me le mérite exclusif du sieur Piccini. Et qu'a fait
au sieur *Gluck* ce *Marmontel* qu'il veut tourner en
ridicule ? Lui auroit - il donné de l'humeur en
essayant de rendre les meilleurs Opéras François su-
sceptibles des beautés de la Musique Italienne ? Il paroit que cette Musique le chagrine cruellement !

Cependant on appelle de cette autorité ; on prétend que la méchanique & le gout d'un art font deux chofes très-différentes ; que fans avoir manié le pinceau, on peut fe connoître en peinture ; qu'on peut de même être fenfible aux beautés & aux défauts de l'expreffion muficale, fans avoir appris à *folfier* ; & qu'au contraire un barbouilleur d'enfeignes, ou un déchifreur de Mufique, peut n'être pas un excellent juge de Raphael ou de Pergolefe. *Vous êtes Chauderonnier, M. Joffe,* difoit M. de *Voltaire* à un homme qui, pour avoir fait de méchans vers, fe croyoit juge en poéfie.

On voit donc bien que fur le mérite perfonnel des connoiffeurs & des Artiftes, les difputes font éternelles ; & les raifons ne font guères plus concluantes que les autorités.

D'un côté l'on nous dit que M. *Gluck* a créé une Mufique Dramatique, dont *les compofiteurs d'Italie n'ont pas même foupçonné l'exiftence.* De l'autre côté l'on demande en quoi confifte cette création ? A l'accent près, dit-on, le récitatif de M. *Gluck* eft le même qu'en Italie. Il l'a prefque toujours accompagné, & le bruit de l'orcheftre a couvert les défauts de fes modulations tudefques : la force a fuppléé fouvent à la jufteffe de l'expreffion ; mais en accompagnant fon récitatif, il n'a fait qu'imiter, en charge, le récitatif obligé de l'Opera Italien ; ſes chœurs ne ſont aſſurément pas plus dramatiques que ceux de Rameau ; il en a mis les perſonnages en action, il les a fait remuer ſur la ſcène, & nous devonslui en ſavoir gré ; mais dire de lui, pour cela que *Prometée à ſecoué ſon flambeau, & que les ſtatues ſe ſont animées*, c'eſt exprimer bien magnifiquement ce qui n'eſt rien moins qu'un prodige ! Ses duo tâchent de reſſembler aux duo dialogués, & mieux deſſinés que les ſiens, qu'il a entendus en Italie. Voila ce que répondent ceux qui ne veulent pas croire à ſon *Génie créateur*.

On a voulu nous faire admirer *comment*, dans *une ouverture, après avoir lié le début au ſujet, non par des rapports vagues, mais par les formes mêmes, le Muſicien précipite tout-à-coup tous les inſtrumens ſur une même note ; comment après s'être élevés enſemble & à l'uniſſon juſqu'à l'octave de cette note, ces inſtrumens ſe diviſent & concourent, chacun de ſon côté, à préparer l'âme à un grand évènement ; comment pour conſerver le ſentiment du Rythme, affoibli par la célérité avec laquelle ſe meuvent les parties ſupérieures, le compoſiteur fait frapper aux inſtrumens l'anapeſte.* Tout cela eſt très-beau ſans doute ; mais c'eſt le langage des adeptes, que le vulgaire n'entend pas.

Le caractère diftinctif de la Mufique de M.
Gluk feroit donc dans une harmonie *efcarpée*
& *rabotteufe*, comme l'appellenr les Italiens ;
dans les modulations rompues & incohé-
rentes de fes airs , dans les traits mutilés
& difparates qui les compofent , dans la né-
gligence, volontaire ou non , qu'il met à choi-
fir fes motifs , à fuivre fes deffeins , à donner
de l'analogie & de la rondeur à fon chant. Or on
peut révoquer en doute, que ce foit là un modele de l'Art, une invention du génie.

Concluons férieufement que le vrai mérite de
M. *Gluck* eft d'avoir vû *dans l'Opera François ,*
comme le dit fon apologifte , *un plan de Spectacle magnifique , auquel il ne manquoit que de
la Mufique , d'avoir trouvé , dans la Mufique Italienne , des couleurs propres à peindre toutes les
affections de l'ame , &* d'avoir effayé *d'en compo-
fer de grands tableaux.* Mais les a-t-il peints ,
ces tableaux , avec le coloris de la belle Mufique ? C'eft ce que lui difputent les amateurs
d'un chant facile , régulier & mélodieux.

On parle beaucoup de la force , de l'énergie ,
de la vigueur des fons que M. *Gluck* tire de fon
orcheftre, ou des poumons de fes Chanteurs ; & il
faut avouer que jamais perfonne n'a fait bruire
les trompes , ronfler les cordes , & mugir les voix

comme lui. Mais qui fait fi la mélodie & l'har-monie Italienne n'ont pas auffi dans leur fimpli-cité quelque force , avec moins d'effort ? Sur tous les Théâtres de l'Europe , on a éprouvé les effets de mille morceaux pathétiques , dont le chant n'étoit pas du bruit ; & quand les impreffions du chant ne feroient pas auffi violentes que celles du bruit & des cris , l'oreille ou l'âme des François eft-elle donc fi peu fenfible, que, pour être émue , elle ait befoin de ces ébranlemens profonds ? Pour qui ne voudroit qu'être remué , *Shakespear* feroit préférable a Racine : auffi , par la même raifon qui fait donner à la Mufique de M. Gluck une pré-férence exclufive fur la Mufique Italienne , a-t'on mis le tragique Anglais au-deffus de tous nos tra-giques ; mais cette nouvelle école de goût n'a pas eû de vogue à Paris. En faifant donc aux Mufi-cien Allemand un honneur exceffif , & qui du côté du génie doit le flatter infiniment , je veux dire , en le regardant comme le *Shakefpear* de la Mufique, il n'eft pas dit qu'en fa faveur on doive exclure du Théâtre les *Racines* de l'Italie.

Nous favons bien que l'Opéra Italien , tel qu'il eft , ne réuffiroit point en France : il y pa-roîtroit nud , froid , trifte , languiffant : la Tragé-die, dans fon auftérité, n'eft pas faite pour le Théâ-tre Lyrique ; tout le talent de *Métaftafe* n'a pu lui donner un caractere qu'elle n'avoit pas. Le chant eft un langage fabuleux ou Magique : fa vraifemblance tient aux merveilleux de l'action. Nous fommes difpofés à entendre chanter *Armide*, *Roland*, *Proferpine* ; nous aurions de la répugnance à entendre chanter *Aléxandre*, *Régulus*, *Céfar* ou *Caton*. Nous avons un Théâtre confacré à l'Hiftoire ; c'eft-là, par excellence, le Théâtre du pathétique ; & il feroit impoffible à l'Opéra de rivalifer avec la Tragédie, fans la variété & la magnificence des tableaux & des fêtes que le merveilleux y produit.

Ce n'eft donc pas l'Opéra Italien, c'eft la Mufique Italienne qu'il s'agit d'introduire fur la Scene Françoife. Mais la Mufique Italienne, nous dit-on, n'eft autre chofe qu'un ramage d'oifeaux ; & rien de plus contraire à l'expreffion des fentimens, & furtout des paffions fortes, que ces airs où une voix brillante femble voltiger fur un fon.

Affurément ce n'eft point-là ce que nous devons envier à l'Opéra Italien. Mais veut-on nous perfuader que ces airs, qu'on appelle en Italie, *airs de bravoure*, airs deftinés à faire briller la voix, foient la Mufique Italienne par excellence & par effence ? De l'aveu des Italiens-mêmes, ce n'eft-là qu'un vain luxe, & qu'un abus de leurs richeffes: ce n'eft pas ce qu'ils nous propofent d'imiter de leur Opéra. La partie fublime de leur Muque, celle qu'ils admirent férieufement, ce font des récitatifs obligés du plus grand caractere; ce font des chants très-fimples, très-naturels, très-expreffifs, mais auffi très-mélodieux ; & il y en a dans leurs Opéras un nombre infini de ce genre. Nous n'entendons même autre chofe dans nos Concerts, depuis bien des années; tandis que, par une fatalité inconcevable, on n'y exécute prefque jamais de la Mufique de M. *Gluck.* Les partifans de celui-ci ont donc bien raifon de dire, que *la Mufique Italienne eft une Mufique de Concert* ; mais ils n'ont pas encore la même raifon d'affurer que *ce n'eft pas une Mufique de Théâtre.*

La Mufique Italienne a eu différents âges, comme la littérature Latine & Françoife. Le goût s'eft épuré, & puis s'eft corrompu, & puis s'eft corrigé lui-même. On a cherché le beau fimple & pur, on l'a trouvé, on l'a goûté ; on a effayé de renchérir, on a chargé l'expreffion Muficale, comme l'expreffion Poétique, de faux brillants & de *Concetti* ; on s'eft apperçu de cette erreur, on eft revenu au beau fimple. Voila le cercle que le goût a parcouru en Italie. Il y eft encore trop indulgent pour l'oreille, il faut l'avouer ; il cherche encore à la flatter aux dépends même de l'expreſſion ; mais c'eſt un mal accidentel , dont l'exemple eſt ſans conſéquence.

Les Italiens , en faiſant de la Tragédie leur Opéra , ont dénaturé l'une & l'autre. La Tragédie a perdu ſes développemens , ſes gradations , ſon éloquence , ſes peintures ſavantes de caracteres & de mœurs ; dans cet état de mutilation elle n'a plus rien qui dédommage de ſa triſteſſe continue ; il a donc fallu lui accorder les licences d'un chant qui conſole l'oreille d'une longue monotonie , & qui délaſſe le ſpeſtateur accablé de cinq heures d'ennui. Au lieu que l'Opéra François , naturellement embelli par l'agrément des fêtes & la pompe du merveilleux , n'a pas beſoin d'autre parure ; & la Muſique variée par les incidens du Speſtacle , y peut être analogue aux objets qu'elle peint , ſans être triſte & monotône.

En Italie , les voix que le climat produit , ou qu'un Art cruel y ménage , ſont ſi légéres , ſi flexibles , ſi éblouiſſantes pour l'oreille , ſi j'oſe m'exprimer ainſi , qu'il n'eſt guère poſſible qu'un peuple accoutumé à les entendre rivaliſer avec les inſtrumens les plus brillants & les plus doux, renonce à ce plaiſir , & permette aux Muſiciens de l'en ſevrer par un goût plus auſtere; ajoûtons que les Muſiciens , eſclaves du caprice & de la

vanité des cantatrices & des chanteurs, font obligés, en dépit d'eux-mêmes, de leur prodiguer,
dans le chant, des traits qui les faffent briller.
Mais en France, où les voix des Héros de Théâtre ont un caractere plus mâle, où les voix des
femmes elles-mêmes font plus fenfibles que bril-
lantes, où le Muficien domine & fait la loi, l'Art
n'eft pas expofé aux mêmes féductions de l'habitude & du mauvais goût. Rien n'empêche donc
que l'excellente Mufique Italienne, celle qui
embellit l'expreffion fans l'altérer & même en
la fortifiant, ne foit tranfplantée fur notre Théâtre, avec toute fa force, & dans toute fa pureté.

Ainfi, cette queftion fi embrouillée dans les
Gazettes, fe réduit à des termes fimples. Dans la
Mufique Italienne il y a des airs où le goût du
pays a facrifié la vraifemblance & l'intérêt de
l'action au plaifir d'entendre une voix brillante
badiner fur une fyllable. Nous confentons à écar-
ter de notre chant ce luxe efféminé : la langue
même s'y refufe ; & la févérité de notre goût ne
permet à la voix que les inflexions & les éclats
qui, fans altérer l'expreffion, peuvent lui donner plus de charme. Dans la Mufique Italienne
un ufage encore fingulier a introduit les ritour-
nelles : c'eft le plus fouvent un fignal que, dans
les falles d'Italie, le Muficien donne aux loges,

pour que l'on vienne entendre l'air. Chez nous les loges ne font pas des cabinets où l'on s'amufe de toute autre chofe que du fpectacle ; l'attention eft continue ; le fignal feroit inutile ; & à moins que la fituation ne donne lieu au prélude du chant , ce qui arrive auffi quelquefois , nous le trouverions déplacé. Qu'eft-ce donc qui nous refte à imiter de l'Opera Italien ? Le voici : des Récitatifs Obligés , ou fans le fecours d'un Orcheftre bruyante, une voix, même une voix foible , foutenue de quelques accords , porte à l'ame tous les fentimens qu'elle exprime ; des airs d'un caractère noble & fimple , qui n'ont pour ornement que l'heureux choix de leur motif , la pureté de leur deffein , l'enchaînement de leurs parties , leurs régularité parfaite , l'alliance la plus intime de l'harmonie & de la mélodie , au plus haut degré d'expreffion ; des duo , des trio dans le goût de ces airs , comme eux travaillés avec foin , comme eux variés & faciles , tirant leur force de leur motif , de leur expreffion graduée , du rytlime , qui leur communique la vie avec le mouvement. Voilà ce que l'Europe admire , voilà ce que Paris ne ceffe d'applaudir tous les jours dans tous fes Concerts ; voila ce qu'il s'agit d'admettre fur la fcène lyrique Françoife, ou d'en exclure à jamais.

Pour

Pour l'en exclure, la meilleure raifon des partifans de M. *Gluck*, c'eft que cette Mufique
n'eft pas celle de M. *Gluck* ; & en cela même ils
fe trompent. Il a, comme nous l'avons dit,
tranfporté l'Opera François en Italie ; mais en
revanche, il a tranfporté la Mufique Italienne
en France, autant qu'il lui a été poffible.

On prétend qu'il a dédaigné le chant Italien comme contraire à l'expreffion. Mais il en
a fait tant qu'il a pu, & il l'a fait de fon mieux
fans doute. Ses airs il eft vrai n'ont pas la mélodie, l'unité, la rondeur, le charme des airs
de *Pergolefe*, de *Galuppi*, de *Jomelli* ; il leur
manque ces inflexions, ces contours, cette fym-
métrie, ce trait pur, élégant, facile, qui en
mufique, comme en peinture, diftingue les *Cor-
reges*, les *Guides* & les *Raphaels*, des médiocres
deffinateurs ; mais ces airs, bien ou mal conftruits,
affectent la forme Italienne. Et qu'eft-ce donc
que chante *Iphigénie* impatiente de voir *Achille*,
ou lui faifant fes adieux ? Qu'eft-ce que chante
Achille furieux contre *Agamemnon*, ou fe plai-
gnant d'*Iphigénie*? Qu'eft-ce que chante *Agamemnon* prêt à facrifier fa fille, ou *Clytemneftre*
aux genoux d'*Achille*, implorant fon appui contre un pere cruel? Qu'eft-ce que chante *Orphée*
après les funérailles d'*Euridice*, ou au défefpoir

de l'avoir perdue une feconde fois ? Qu'eft-ce
que chante *Alcefte* lorfqu'elle fe dévoue , lorfqu'elle exprime à fon époux l'amour qui la fait
s'immoler pour lui? Qu'eft-ce que chante *Ad-
mete* lorfqu'il s'oppofe au dévoument d'Alcefte?
Ne font-ce pas des airs coupés , mefurés à l'Italienne? Et fi le chant en eft commun, la modulation pénible, la marche contrainte & forcée,
le deffein mal fuivi , en font-ils pour cela plus
vrais , plus expreffis ? Le cercle des airs Italiens
eft peut-être trop étendu , leur deffein trop dé-
veloppé ; mais c'eft un excès bien aifé à corri-
ger dans leur ftyle ; & la précifion n'eft pas incompatible avec l'élégance.

Lorfqu'on veut citer quelque chofe des Opéras de M. *Gluck*, on fe rappelle fur le champ
les adieux d'*Alcefte* & ceux d'*Iphigénie* , parce
qu'en effet ces deux airs , quoique foibles &
trop femblables l'un à l'autre , ont une expreffion fenfible , que la modulation en eft facile ,
& le cercle bien arrondi. Si M. *Gluck* , dans tous
les autres airs, avoit été auffi heureux, il daigneroit
peut-être regarder le chant comme un charme
de plus dans l'expreffion muficale ; mais un beau
motif de chant eft une belle penfée en Mufique : or rien de plus rare que de belles penfées
pour qui n'a pas éminemment le génie de l'in-

vention ; & il eſt plus facile de mépriſer ce talent que de l'acquérir. Les Italiens prétendent
que le ſecret de M. *Gluck* eſt révélé dans la Fa-
ble du Renard & des raiſins. Quoiqu'il en ſoit,
il eſt certain que la partie où il excelle n'eſt pas
le chant ; qu'il réuſſit mieux à exagerer qu'à em-
bellir ; que ſi le ſyſtême d'une déclamation forcée & convulſive peut prévaloir ſur notre Théâtre lyrique, M. *Gluck* en eſt ſeul le maître :
perſonne encore en Italie n'a été tenté d'imiter
ſon ſtyle ; & depuis douze ans que ſon *Orphée*
y a été donné, aucun compoſiteur ne l'a pris
pour modele. Le voilà donc, comme ſes partiſans l'annoncent, le ſeul Muſicien Dramatique
en Europe, ſi le chant eſt exclu du Théâtre &
relégué dans les Concerts.

Mais j'en ai dit aſſez pour faire voir que leurs
ſavantes déclamations, leurs ſpéculations profon-
des & quelquefois aſſez obſcures, ne doivent
pas nous empêcher d'ouvrir la carriere du
Théâtre à l'émulation des talens.

M. *Gluck* a été bien accueilli par les François,
& il a mérité de l'être. Il a donné à la déclamation Muſicale plus de rapidité de force & d'é-
nergie ; & en exagerant l'expreſſion, il la du-
moins ſauvée d'un excès, par l'excès contraire ; il a ſçu tirer de grands effets de l'har-

monie ; il a obligé nos Acteurs à chanter en
mefure , engagé les Chœurs dans l'action &
lié la danfe avec la Scene. Enfin fon genre eft
comme un ordre compofite , où le goût Allemand domine , mais où eft indiquée la maniere
de concilier les caracteres de l'Opéra François
& de la Mufique Italienne. Donnons-lui des ri-
vaux dignes de l'égaler dans la partie où il fe
diftingue , & dignes de le furpaffer danscelle où il
n'excelle pas. Qu'il fe foutienne , s'il le peut , par
la force de fon Orcheftre & par la véhémence de fa
déclamation ; que fes concurrents fe fignalent
par une mélodie auffi paffionnée & plus touchante
que la fienne , par une harmonie auffi expreffive ,
mais plus pure & plus tranfparente ; & que la Nation après avoir balancé à loifir le caractere des
deux Mufiques & les effets qu'elles auuront pro-
duits , fe confulte , & juge elle-même la grande
affaire de fes plaifirs.

Ce ne feront pas quelques tentatives , ni
quelques fuccès paffagers qui fixeront le gout
National ; ce fera une longue fuite de tentatives & de fuccès durables. Il fera permis à
tous les Muficiens de l'Europe d'entrer en
lice ; loin de les rebuter , on les appellera ; ils
croiront qu'il manque à leur gloire d'avoir brillé
fur le Théâtre de cette Ville où fleuriffent les

Arts ; ils viendront tour à tour exercer leur génie fur les ouvrages de nos Poëtes. *Zeno* & *Me-
tastase* font le tréfor commun des Muficiens en
Italie ; les Muficiens auront auffi en France, dans
les Opéras de *Quinault*, *de Fontenelle*, *de la Mot-
te*, *de Roi*, *de la Bruere*, *de Bernard*, *&c.* un
champ libre, vafte & fécond où chacun pourra
moiffonner. *Armide*, *Iphigenie*, *Atys*, *Roland* (*),
mis en Mufique par dix Compofiteurs différens,
nous apprendrons à comparer les productions du
génie, & à juger du degré de force, d'élégance
& de vérité que l'expreffion peut avoir. C'eft
alors que la fagacité Françoife pourra tirer de
l'expérience variée & multipliée, ce réfultat qui
dans tous les Arts devient la régle du goût. Les
priviléges exclufifs, qui font la mort de l'induf-
trie, font auffi la mort des talents & du génie
dans les beaux Arts. Nous ne ferons pas affez
ennemis de nous-mêmes pour adopter ce fana-

(*) M. *Gluck a brûlé*, dit-il, *ce qu'il avoit fait de Roland*, en apprenant que M. *Piccini* travailloit fur le
même Poëme. Mais n'avoit-on pas donné avant lui
en Italie l'*Antigone*, le *Titus*, la *Camille* ? Pourquoi
fur un Théâtre où il eft applaudi, craindroit-il les
comparaifons ? Pour vu qu'il eut fait de *Roland* ce qu'il
nous dit qu'il a fait d'*Armide*, fon triomphe étoit
affuré.

tiſme intolérant qui veut condamner la Muſique à ne jamais ſortir du cercle qu'un Artiſte lui aura tracé. La liberté , mere de l'émulation , régnera ſur la Scene Lyrique ; & alors il ne manquera plus rien à notre Opéra pour devenir , comme le Théâtre de la Tragédie & de la Comédie Françoiſe , l'objet de la curioſité & de l'admiration de l'Europe.

F I N.

Lû & Approuvé , *ce 16 Avril 1777 , DE SAUVIGNY.*

Vû l'Approbation , permis d'Imprimer ce 19 Avril 1777, LE NOIR.

9 782329 107479